聞いてみました！
日本にくらす外国人 ①

監修 明治大学教授 佐藤郡衛

中国・韓国・フィリピン・ベトナム

ポプラ社

はじめに

これからの日本をつくっていくみなさんへ

みなさんのまわりに、外国から来た人はいますか。いま世界では、国をこえて生活する人たちがふえています。海外旅行をしやすい環境がつくられたり、生活がゆたかになったりした国からは、旅行で日本に来る人たちがふえていますし、日本でくらし、学校に通ったり、工場や会社ではたらいたりする外国の人もふえつづけています。こうした人たちは、なぜ日本に住むようになったのでしょうか。その人それぞれに、理由がありそうですね。

外国に住むというのは、どういうことでしょうか。みなさんが外国で生活することになったと考えてみてください。ことばがまったくわからない学校に行けば、大きな不安をかかえることでしょう。でも、その学校に日本人や自分を助けてくれる人がいたら、どんなにかうれしいですよね。

また、食べもの、生活習慣、約束事など、日本のくらしとのちがいにも、とまどうことが多いはずです。同じように、わたしたちにとってはあたりまえすぎてうたがいもしなかったことが、外国の人からみると不思議に思うことも数多くあります。外国の人は、日本に来てどんなことが不思議だと思うのでしょうか。その理由も考えてみましょう。それが、ことなるくらしや歴史

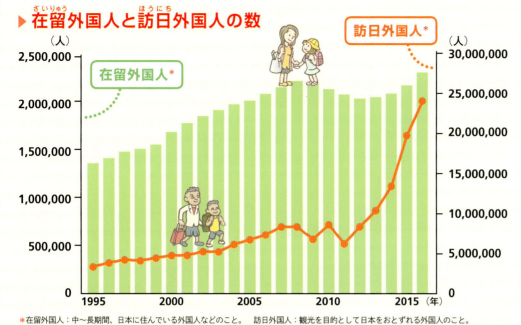

▶ 在留外国人と訪日外国人の数

＊在留外国人：中～長期間、日本に住んでいる外国人などのこと。　訪日外国人：観光を目的として日本をおとずれる外国人のこと。
「在留外国人統計（旧登録外国人統計）統計表」（法務省）および「年別 訪日外客数，出国日本人数の推移」（日本政府観光局〔JNTO〕）をもとに作成

をもつ人たちがおたがいに理解しあう「異文化理解」につながっていきます。

　こうしたいくつかの疑問を日本に住む外国の人に聞いてみたのが、このシリーズです。シリーズ全体で20か国の人が登場しますが、この本では中国・韓国・フィリピン・ベトナムから来た4人をとりあげています。ぜひ、ここに登場する人たちを通して、4つの国や文化について理解を深めてください。

　日本には、これからもっともっと多くの外国の人が住むようになるでしょう。おたがいに理解を深めつつ、いっしょに新しい社会をつくっていく――この本が、そのための一つのステップになることを願っています。

2018年4月

明治大学教授　佐藤 郡衛

もくじ

はじめに 2　　この本の読み方と特徴 5

中国から来た李 玲玉(リ リンウィ)さん 6
に聞きました

- わたしが来日した理由　7
- 日本での仕事とくらし　8
- 大切な人とのつながり　10
- 親せきに聞きました
  はとこ　金 慶華(ジン チンフゥァ)さん　11
- 玲玉(リンウィ)さんの
  ここにびっくり！中国と日本　12
- データ調べ
  中国をもっと知ろう！　15

韓国(かんこく)から来た千 恩志(チョン ウンジ)さん 16
に聞きました

- わたしが来日した理由　17
- 日本での仕事とくらし　18
- 大切な人とのつながり　20
- 家族に聞きました
  夫　菊野英央(きくの ひでひさ)さん　21
- 恩志(ウンジ)さんの
  ここにびっくり！韓国(かんこく)と日本　22
- データ調べ
  韓国(かんこく)をもっと知ろう！　25

フィリピンから来た
石水(いしみず)・キデス・マージーさん 26
に聞きました

- わたしが来日した理由　27
- 日本での仕事とくらし　28
- 大切な人とのつながり　30
- 園長先生に聞きました
  保育園(ほいくえん)の園長先生　久保田泰雄(くぼた やすお)さん　31
- マージーさんの
  ここにびっくり！フィリピンと日本　32
- データ調べ
  フィリピンをもっと知ろう！　35

ベトナムから来た
ファン・ティ・トゥアンさん 36
に聞きました

- わたしが来日した理由　37
- 日本での仕事とくらし　38
- 大切な人とのつながり　40
- 上司に聞きました
  株式会社(かぶしきがいしゃ)asegoniaディレクター　山本博子(やまもと ひろこ)さん　41
- トゥアンさんの
  ここにびっくり！ベトナムと日本　42
- データ調べ
  ベトナムをもっと知ろう！　45

さくいん　46

この本の読み方と特徴

それぞれの外国出身の方について、インタビュー取材などをもとに、大きく5つのことがらを紹介しています。

① 日本に来た理由

名前
人物のフルネームを掲載しています。

来日の理由
日本に来ることになった理由を紹介します。

日本とのつながり
出生から来日した時期、来日後の状況までを紹介します。

母国
どのような国から来たのか、楽しいイラスト地図で紹介します。

② 日本での仕事とくらし

日本での仕事とくらし
ふだんの仕事やくらしを紹介します。

こんなことまで聞いてみました！
くらしについて、よりくわしい質問に答えてもらいました。

③ 大切な人とのつながり

大切な人の紹介
家族や友人など、大切な人とのつながりを紹介します。

よく知る人へのインタビュー
家族や友人、職場の仲間などにお話を聞きました。

④ ここにびっくり！

日本と母国の習慣・文化の比較
日本にくらしてみて、習慣や文化をくらべておどろいたことを紹介します。

⑤ データ調べ

母国がわかる17データ
面積や人口、通貨など、その国の基本情報を17の項目で説明します。　※データの出典は48ページ。

不動産会社社員
李 玲玉(リ リンウィ)さん

 **中国**
か・ら・来・た
李 玲玉(リ リンウィ)さん
に聞きました 🎤

わたしが来日した理由

大好きな日本語をもっと学びたかったからです。

玲玉さんと日本のつながり

- **27年前**
中国吉林省延吉市で、朝鮮族として生まれる。

- **8年前**
高校卒業後、日本に留学する準備をする。

- **7年前** 来日！
来日。はじめて親もとをはなれる。日本語学校に入学。

- **5年前**
大学に進学。大学に通いながら、喫茶店でアルバイト。

- **1年前**
大学卒業後、東京・新宿の不動産会社に勤務。

- **現在**
新宿の魅力を発信する情報サイトの中国語版を担当。

Q. 日本に興味をもったきっかけは何ですか？

日本語に興味をもったことです。わたしがはじめて日本語にふれたのは、中学生のころ。インターネットをしていたとき、たまたま日本の男性アイドル「テゴマス」の動画サイトを見たのがきっかけです。外見がかっこいいということもありましたが、それ以上に歌が気にいってしまったのです。

日本語はわかりませんでしたが、歌詞を覚え、それ以来、日本語が大好きになりました。

Q. どうして日本に来ることになったのですか？

高校3年生のときに、高校を卒業したら日本へ留学しようと決めました。けれども、お母さんは遠くに行くのは心配だからと反対でした。そこで、ロシアに単身赴任中のお父さんに、日本に留学したいと相談をし、お母さんを説得してもらいました。

来日して、まずは日本語学校で2年間日本語の勉強をしました。

わたしが生まれ育った吉林省は、中国の少数民族である朝鮮族が多く住む地域。わたしも朝鮮族の1人で、中国語のほかに朝鮮語も話すことができます。朝鮮語の文法や発音は日本語とにているので、日本語の勉強がしやすかったです。

日本語学校のあとは、日本の大学に進学し、4年間政治学を学びました。

朝鮮族の民族衣装を着た2歳のころの玲玉さん。

● 玲玉さんの母国・中国

明・清時代の宮殿だった紫禁城は、現在、故宮博物院となっている。

日本での仕事とくらし

不動産会社ではたらき、外国人のサポートをする玲玉(リンウィ)さんに、現在の仕事やくらしについて聞きました！

新宿にある不動産会社ではたらきはじめる

日本の大学を卒業後、新宿にある不動産会社ではたらきはじめました。わたしの仕事は、日本で部屋をさがす中国人と韓国人のサポートです。

部屋をさがす外国人は、来日してまもないこともあり、日本語がじょうずに話せません。そのため、わたしが通訳をしながら、部屋さがしから部屋を借りるまでの手続きをサポートしています。

ゴミの出しかたや騒音など、入居後のトラブルに電話で対応することもある。

中国人は風水的に運気がいい間取りを好む

中国人に好まれる部屋は、風水という中国に古くから伝わる考え方で運気がいいとされる間取りです。とくに南向きの角部屋で、四角い間取りがよいとされています。なかには、風水の専門家に部屋の写真を送って、わざわざ診断してもらってから、部屋を決める人もいました。それだけ中国では、風水が重んじられているのです。

中国人が入居したあとによくトラブルになるのが、ゴミの出しかたです。中国では、玄関前にゴミを出しておけば、回収してくれます。日本でも同じようにゴミを出してしまい、近所の人とトラブルになるケースがよくあるので、日本のゴミの出しかたについては、ていねいに伝えるようにしています。

会社内での打ち合わせ。現在の仕事の状況を確認しあう。

新宿の魅力をもっと知ってほしい

ここ数年で、東京をおとずれる中国からの観光客がふえました。わたしがつとめる会社では、こうした外国からの観光客のために、新宿の魅力を伝える情報サイトも運営しています。わたしはその中国語版を担当しているため、

ふだんから新宿の情報には敏感です。
　欧米からの観光客は、忍者や侍といった日本文化に興味をもちますが、アジアからの観光客は、やきとり、お好み焼き、お寿司、ラーメンといった日本の料理が大好きです。そこで、おいしいお店や新しいお店の情報はふだんから収集するようにしています。とくに新宿の百人町にはおいしい中華料理店が多いので、よく食べ歩いています。

新宿の魅力を伝えるために、みずから街に出て、外国人観光客に取材をする。

日本の食事は味がうすい

　仕事が休みの日は、日本語学校や大学時代の友人とごはんを食べたり、ショッピングをしたりします。中国でわたしが食べていたごはんは、韓国料理に近く、火なべやキムチといった、からいものや味のこいものばかりでした。そのせいもあって、来日したばかりのころは、日本の食事はどれも味がうすく感じられましたが、いまでは苦手だった納豆や梅ぼしなども食べられるようになりました。
　また、就職してからは、1年間仕事をがんばった自分へのごほうびとして、毎年海外旅行をしようと決めています。今年は韓国へ旅行する予定です。

玲玉さんが中国語版を担当している新宿の情報サイト「YOKOSO新宿」。

こんなことまで聞いてみました！

Q. よくつくる料理は？

「チャーハン」

じつは料理が苦手で、チャーハンしかつくれません。具材はおもに卵とネギ。味つけは塩、こしょうのみのシンプルなものです。

Q. 好きなスポーツは？

「ウインタースポーツ」

中国のなかでも北部の寒い地域の出身なので、冬に楽しむウインタースポーツが大好きです。スノーボードは、日本に来てからはじめて挑戦しました。

大切な人とのつながり

家族や友だちを大切にする玲玉(リンウィ)さん。友だちやお母さんについて聞きました。

日本ではじめて出あった上海(シャンハイ)人の同級生たち

中国の北部出身のわたしが、南部の中国人と知りあったのは、日本に来てからです。日本語学校時代のルームメイトは3人とも上海人で、ことばは上海語。北部で話す北京(ペキン)語とはまったくちがうため、はじめはみんなと話せずにさびしかったのですが、いっしょにくらすうちに上海語を覚え、仲よくなりました。

大学時代の中国人の友だちも福建(フーチェン)省や内モンゴル自治区出身などさまざま。国土の広い中国では、地域によってことばがことなるため、中国の共通言語である普通話(ふつうわ)でコミュニケーションをとっています。

同じ大学で学んだ中国人の同級生は、大切な友だち。

一人っ子のわたしをきびしく育ててくれたお母さん

わたしは、3人家族の一人っ子。お父さんはロシアに単身赴任(ふにん)をしていたので、中国ではずっとお母さんと2人ぐらしでした。昔のお母さんはきびしくて、早く親もとをはなれたいという思いもあり、日本に留学(りゅうがく)しました。でもいまは、お母さんがいるからこそ自由に好き勝手なことができると、お母さんの存在(そんざい)の大きさを感じる毎日です。

来日したお母さんと記念撮影(さつえい)。

お母さん、ずっと元気でいてね！

親せきに聞きました

がんばりやの李さんをいつも見まもっています。

はとこ
金 慶華さん（ジン チンフゥア）

李さんは責任感がひと一倍強い

わたしは李さんと同じ朝鮮族で、現在、中国人の主人、9歳と5歳の息子と日本でくらしています。来日してから17年がたちました。

李さんが来日するとわかったときは、日本に親せきができるのでうれしかったですね。はじめは、いろいろ教えてあげなければと思っていましたが、李さんはなんでも1人でやるしっかりもの。とくに李さんの世代は、中国がゆたかになり、苦労知らずで育ったため、お金にこまったりすると、すぐに親や親せきをたよる子が多いのですが、李さんはまったくそんなことはありませんでした。

しかも、責任感がひと一倍強い。李さんが喫茶店でアルバイトをしていたころに、東日本大震災が起こりました。喫茶店ではたらいていた中国人の同僚は、みんな一時帰国してしまいましたが、李さんは、みんながいないとお店がこまるからと、一時帰国せずにお店を切りもりしていたそうです。そんな責任感の強い李さんなのですが、ほんとうにこまったときは、いつでもたよってねと伝えています。

日本の母親役としてサポート

いまは、おたがいにはたらいているので、なかなか会う時間がとれませんが、それでも半年に一回は会うようにしています。そのときは、楽しくおしゃべりをするというよりも、李さんが何か生活でこまっていないかを相談にのったり、日本社会のしくみを李さんに教えたりしています。先日は、ただ話をするのではなく、2人で懐石料理のマナー教室に参加して、日本で生活するうえで必要な知識やマナーを身につけました。

中国の伝統を次世代につなぎたい

これからは日本の生活になじむための努力だけでなく、李さんと共にもっと中国の伝統やしきたりも大切にしていけたらと思っています。たとえば中国のお正月では、いちばん年上の人が親せきを集めて食事をしたり、お年玉をあげたりします。もし李さんが結婚して子どもができたら、そのときは、わたしが責任をもってとりしきり、李さんの家族といっしょにお正月をむかえたいですね。

2人はおたがいを「玲ちゃん」「お姉さん」とよんでいる。

中国 李 玲玉さん

玲玉（リンウィ）さんの
ここにびっくり！中国と日本

すぐにあやまる日本人を見ておどろいた！

日本人はまずあやまってから問題を解決する

自分が悪くないのに、なんであやまるの？

　日本人は何か問題が起きた場合、自分がまちがっていなくても、すぐにあやまります。たとえばレストランで、注文した料理とちがうものが運ばれてきて「これはたのんだものとちがうよ」とウエイターに指摘したとしましょう。

　日本のレストランであれば、ウエイターがすぐに「申しわけございません」と一言あやまってから料理をさげるのがふつうです。でも、中国のお店では、ウエイターは「ちょっと確認します」と言って、いったいどこで注文がすれちがったのか、原因を調べることからはじめます。

　中国人は、たとえ自分がまちがっていたとしても、すぐにあやまりません。あやまった時点で自分が全責任を負うことになるからです。そのため、原因を調べて問題解決をし、すべてが終わってから「ごめんなさい」とおわびします。

　ただし、先生やお父さん、お母さんにおこられたときは例外。そのときは、すぐにあやまります。

日本人は中国人にくらべて声が小さい！

口を大きく広げる中国語
口をあまり広げない日本語

中国 李 玲玉さん

　日本では、口もとを手でかくしながら、小声で電話をする光景をよくみかけます。中国では、そのように電話をかける人はいないので、不思議に思ったことがありました。

　おそらく中国の場合は、街中がさわがしく、小声で電話をしていたら、相手に声がとどかないということもあるのでしょうが、発声方法のちがいも理由のひとつだと思います。中国語は口全体を大きく使って、はっきり発音する言語で、しぜんと声が大きくなります。一方、日本語はあまり口を広げなくてもいい言語。小声でも相手に伝わりやすいのが特徴です。

人間を見てもにげないハトにびっくり！

中国人にとって
ハトは食材のひとつ

　中国のハトは人が近づくと、すぐに飛んでにげてしまいます。日本のハトのようにのんびりしていません。
　中国では、ハトは立派な食材のひとつ。のんびり歩いているとすぐ捕獲され食べられてしまうため、にげるのかもしれませんね。ただし、料理には、野生のハトではなく、食用に飼育されているハトを使います。

日本のハトは人をおそれず、近づいてもあわてない。

●部活やおしゃれを楽しめるのがうらやましい！

ジャージ姿の玲玉さん。吉林省でいちばん有名な長白山に登頂した。

スポーツもおしゃれも厳禁
夜まで勉強づけの毎日

　中国では中学校に入学すると、勉強ばかりの日々に変わります。

　わたしが通っていた中学校では、朝6時半までに登校し、30分読書をしてから授業がはじまりました。授業時間は45分で、午前中に4時限、午後は5時限。授業が終わったあとも自習時間があり、家に帰るのは毎日夜8時くらい。家に帰ると、ねるだけの生活でした。

　しかも日本のような部活動はなく、制服もジャージなので、スポーツを楽しんだりおしゃれをしたりする時間もありませんでした。勉強のあいまに、学校行事として行った長白山の登山は、服装はジャージでしたが、中学校時代のよい思い出です。

● 日本はスーパーばかりで市場が少ない！

旬のものが安く手に入る
お店の人との会話も楽しみ

　中国人は、毎日市場に行って買いものをします。スーパーマーケットはありますが、日本のようにそこで食料品は買いません。お店の人に、今日のおすすめや旬のものを聞いたり、値段交渉をしたりと、会話も楽しめる市場が好き。そのほうがいいものを安く買えるので、一石二鳥です。日本は市場が少なく、少し残念に思います。

データ調べ 中国をもっと知ろう！

- **①正式名称** 中華人民共和国
- **②首都** 北京（ペキン）
- **③面積** 約960万km²（日本は37万8,000km²）
- **④地勢** ユーラシア大陸の東側に位置し、北朝鮮やモンゴル、ベトナム、ネパール、カザフスタンなどの国々と接する。西南にはヒマラヤ山脈がそびえている。
- **⑤人口** 14億951万7,000人〈2017年〉
  （日本は1億2,558万4,000人〈2017年〉）
- **⑥おもな言語** 中国語（普通話は北京語。各地域に方言がある）
- **⑦民族** 約92％が漢族。そのほか、チョワン族やウイグル族、朝鮮族などの少数民族がいる。
- **⑧宗教** 道教、仏教、プロテスタント（基督教）、カトリック（天主教）、イスラム教など。
- **⑨通貨** 人民元（じんみんげん）
- **⑩日本と北京の時差** 日本より1時間おそい
- **⑪東京と北京の距離** 2,104km
- **⑫北京の平均気温** 〈1月〉−3.1℃ 〈7月〉26.7℃
  （東京の平均気温は、〈1月〉5.2℃、〈7月〉26.4℃）
- **⑬平均寿命** 男性75歳、女性78歳〈2015年〉
  （日本は男性81歳、女性87歳〈2015年〉）
- **⑭日本にくらす中国人の数** 69万5,522人〈2016年〉
- **⑮中国にくらす日本人の数** 12万8,111人〈2016年〉
- **⑯世界遺産登録数** 52件〈2017年〉

北京にある紫禁城。明、清時代の旧宮殿で世界遺産のひとつ。

春節（旧暦の正月）は中国最大の行事。街中がかざりつけられる。

⑰日本との貿易

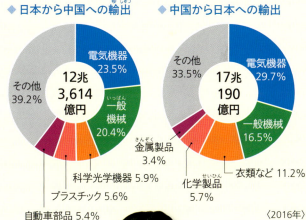

◆ 日本から中国への輸出　12兆3,614億円
- 電気機器 23.5%
- 一般機械 20.4%
- 科学光学機器 5.9%
- プラスチック 5.6%
- 自動車部品 5.4%
- その他 39.2%

◆ 中国から日本への輸出　17兆190億円
- 電気機器 29.7%
- 一般機械 16.5%
- 衣類など 11.2%
- 化学製品 5.7%
- 金属製品 3.4%
- その他 33.5%

〈2016年〉

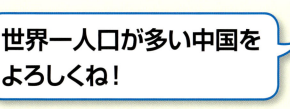
世界一人口が多い中国をよろしくね！

※データの出典は48ページ。

不動産会社社員
千 恩志(チョン ウンジ)さん

夫
菊野英央(きくの ひでひさ)さん

長女
りあちゃん

長男
ゆうくん

韓国(かんこく)から来た
千 恩志(チョン ウンジ)さん
に聞きました

※日本では国際結婚(こくさいけっこん)の場合、夫婦(ふうふ)でべつべつの名字を名のることがみとめられている。
また、韓国(かんこく)では結婚しても夫婦はべつべつの名字を名のり、子どもは父親の名字を名のることとされている。

わたしが来日した理由

大阪旅行がきっかけで、もっと日本を知りたくなったからです。

恩志さんと日本のつながり

37年前
韓国の安東市で生まれる。2人きょうだいで、兄がいる。

15年前
韓国の大学で日本語を勉強。友人と大阪を観光旅行。

10年前 来日！
大学卒業後に来日。日本語学校で勉強をはじめる。

8年前
在学中にアルバイトをしていた会社で夫の菊野さんと知りあい、結婚。語学学校卒業後は、日本の企業に就職。

現在
4歳と0歳の子どものお母さん。会社は育児休業中で、子育てに専念している。

Q. 日本に興味をもったきっかけは何ですか？

高校生のとき、外国語を使って国際社会で活躍したいと思っていました。どの外国語を勉強するかは、すごくまよったのですが、英語が苦手だったので、日本語にしようと考えて、大学は日本語が勉強できる学校を選びました。

Q. どうして日本に来ることになったのですか？

大学時代に、友人と大阪を旅行しました。都会的で整然とした日本の町なみが美しく、感動しました。まだ日本語がうまく話せず、道にまようこともあったのですが、出あった日本人がみないい人で、親切に道案内をしてくれました。天気にめぐまれたこともあり、とてもいい思い出となりました。日本に行ったら、またワクワクするような楽しいことに出あえるのではないかと思い、卒業後は日本語学校に通うことを決めました。

来日した当初は、目にうつるものすべてが新鮮でした。たとえば街中のカラス。韓国にもカラスはいますが、こんなに日常的に見ることはありません。また、100円ショップもおもしろいです！ 雑貨も食品もすべて100円で買えるお店なんて、韓国にはありません。コンビニの数の多さにもおどろきましたが、さらにトイレまで使わせてもらえるなんて、世界で日本だけではないでしょうか。生活の便利さに感動しました。

来日したばかりのころ。はじめて浴衣を着た。

恩志さんの母国・韓国

安東市の河回村は無形文化財の「仮面劇」でも知られる。

日本での仕事とくらし

赤ちゃんが生まれたばかりで子育てをがんばっている恩志(ウンジ)さんに、現在(げんざい)のくらしのことを聞きました。

2人の子どもを子育て中 児童館をよく利用する

現在(げんざい)は、子どもが生まれたばかりなので、仕事を休んで子育てをしています。上の子は4歳(さい)で保育園(ほいくえん)に通っていますが、下の子はまだ0歳なので、赤ちゃんが遊べる児童館へよく連れて行きます。児童館では、絵本の読み聞かせや、曲にあわせて手をたたいて遊ぶリトミックなどのプログラムを楽しんでいます。

韓国(かんこく)にもキッズカフェとよばれる、子どもが遊べる場所が街中にたくさんあります。しかし、日本の児童館のように無料ではなく、お金がかかります。韓国では、子どもが小さいうちから塾(じゅく)通いをさせようとする教育熱心な人が多く、そうした子どもへの教育にお金をかける人が多いのです。わたしは、日本でお金をかけずに、のびのびと育てているので、うらやましがられることもあります。

子どもたちには日本語も韓国語(かんこくご)も覚えてほしいため、韓国語のポスターをリビングにはっている。

夫のために 日本食をつくるように

わが家の食卓(しょくたく)には、韓国料理も日本料理も、両方がならびます。夫が和食を食べたいというので、魚の煮(に)つけやひじきの煮物などをつくるようになりました。

和食のつくりかたは、特別、だれかに教わったというわけではありませんが、インターネットのレシピサイトを見て覚えました。結婚(けっこん)して8年にもなりますから、いまは、しょうゆ、みりん、お酒を使った和食のコツも覚えました。

一方、上の子は、韓国料理が好きです。とくに野菜のあえもの「ナムル」が大好きなので、よくつくっています。

韓国の食材が手に入らないときは、日本の食材で代用することもあります。たとえば、チャプチェと

上の子を保育園(ほいくえん)に送った帰りに、児童館へよる。

日本では、スーパーで買えるきのこやもやし、ほうれんそう、小松菜でナムルをつくる。

野菜などを調味料とゴマ油であえたナムル（上）と、ダンミョンという麺をいためたチャプチェ（下）は韓国の定番料理。

いう料理にはダンミョンという麺を使いますが、日本のスーパーマーケットでは手に入らないので、春雨を代わりに使うこともあります。

ひと息つく時間にはブログを書く

インターネットのブログは20代で書きはじめ、もう長いあいだつづけています。日本でくらしていておもしろいと感じたことを書いて、韓国の人たちに紹介します。ささやかな話でも、みんな喜んで読んでくれて、反響があるところが楽しいです。いまは子育て中なので、友人、知人に向けて、プライベートな話題を書くことも多くなりました。

ブログには、子育てのことや日本のくらしのことなどを書く。

こんなことまで聞いてみました！

Q. お母さんの思い出の味は？

「ナスの冷製スープ」

小さいころから食べている、大好きな韓国料理です。蒸したナスをだし汁に入れ、ニンニクやゴマ油で味つけをします。夫も好きなので、日本でもよくつくります。

Q. 韓国からもって来たものは？

「日本語のテキスト」

大学時代に勉強していた日本語のテキストをもって来ました。たくさん書きこみがしてあるのをみると、よく勉強していたころを思い出します。

大切な人とのつながり

家族思いの恩志（ウンジ）さんに、韓国に住んでいる家族と、日本の友だちについて聞いてみました！

子どもの成長は日本と韓国の風習で祝う

夫の仕事が休みになる週末は、かならず家族みんなですごし、子どもの成長を見まもっています。とくに子どもの成長を祝う伝統的な行事には、力を入れています。

たとえば、日本では一生食べものにこまらないことを願う"お食い初め"という儀式があります。同じように、韓国でも、生まれてから100日目と1歳の誕生日に盛大なお祝いをします。どちらの国の文化も尊重したいので、両方の国の行事をしています。

子どもが生まれてからは、家族ですごす時間が何より大切になりました。

生後100日目の韓国式のお祝い。

子どもを通じて人づきあいも広がる

いままでの交友関係は、日本語学校の友だちや会社のつながりが多かったのですが、子どものおかげでたくさんの人とおつきあいができるようになりました。地域の子育てサークルに参加しているので、日本人のお母さんたちとも交流があります。ハロウィンなど子どもが喜ぶイベントがあるときは、みんなで集まってパーティをしています。

また、日本に住んでいる韓国人のお母さんたちともつながりができました。子育て情報は、韓国のママ友と交換することが多いです。

友だちの金（キム）さんとは、上の子どもが同じ年なのでよく会う。

韓国の両親や友だちとは、アプリでやりとり

韓国の両親とは、ほとんど毎日のように連絡をとっています。子どもの日々の成長を見たがっているので、スマートフォンの無料アプリを使い、ビデオ通話をして、孫の顔を見せています。韓国の友だちとも、同じようにアプリで連絡をとりあいます。

子どもたちには日本と韓国、両方の行事を体験させたいです！

家族に聞きました

韓国の文化を大事に子育てをしたいです。

夫
菊野英央さん

韓国 千恩志さん

韓国の友人ができ、興味をもつ

学生時代、カナダに留学をしたときに、たくさんの韓国人に出あいました。韓国の人は、自分より年齢が上であれば年長者としてうやまうのですが、年齢が同じであればだれでも友だちとして接するようです。出あった仲間は同じ年だったので、すぐに打ちとけることができました。また、韓国の人はお酒をよく飲みます。わたしもお酒が好きなので、とても気が合うと感じました。

職場の仲間として出あう

わたしは、日本に住む外国人に家や仕事をさがして紹介する会社ではたらいています。恩志とは、そこで出あいました。日本人は、なかなか本音を口にすることはありませんが、恩志は本音をかくすことなく伝えてくれるので、つきあいやすい人だと思いました。プレゼントをすると、喜びをストレートに表現してくれるところも魅力的に感じました。

日本の食文化を理解してくれる

結婚した当初は、食文化のちがいにおどろくこともありました。韓国の料理には、よくニンニクが使われます。わたしは和食が好きなので、ひじきの煮物をつくってほしいとたのんだところ、ニンニクが入っていたことがあります。いまは、和食のつくりかたもマスターし、わたしの好みも理解して料理をしてくれるので、ありがたいです。

韓国の文化を大事にしたい

家のなかでは、わたしは日本語で、恩志は韓国語で子どもに接するように、夫婦二人で決めました。子どもは、何か自信をもてるものがあるとぐんぐん成長していくと思います。韓国の文化を自分のほこりのひとつとして、大切にしてほしいと思います。

二人が職場で出あったころ。

仕事が休みの日は積極的に子育てにかかわっている。

恩志さんの ここにびっくり！韓国と日本

スープもおはしで食べるのにびっくり！

冬が寒い韓国でよく食べられるチゲなべ。

おみそ汁にスプーンって、そんなにおかしいですか？

韓国の食器は金属でできているものが多い。

韓国では汁物はスプーンで食べる

　韓国でもおはしは使いますが、汁物はスプーンで食べるのが基本です。小さなころから日常的にスプーンを使ってきたので、おみそ汁もスプーンで飲んでいたら、夫におどろかれました。

　韓国のおはしとスプーンは、金属でできています。器も金属です。そのため、器は熱くなるので手にもって食べることはありません。

　日本では、大皿にもられたおかずは、それぞれのとり皿にとって食べますが、韓国ではとり皿は使いません。なべを食べるときは、みんな同じなべにスプーンを入れて食べます。なべを真ん中において、スプーンでとって、直接口へ運びます。

給食には、かならずキムチが出る！

韓国では、おつけもののキムチやカクテキ（大根のキムチ）が毎日給食に出ます。食堂でも、キムチはテーブルに置いてあるのがふつうで、好きなだけ無料で食べられます。

日本の子どもは、寒くないの?

韓国では、冬に半ズボンの子どもはいない!

　日本では、「子どもは風の子、元気な子」ということばがあるように、冬でもうす着で遊ぶ子どもが健康的だと考えられているようです。でも、韓国ではちがいます。体を冷やさないように、子どもには小さなころからあつ着をさせる習慣があります。

　学校や公園でも、寒いなか、半そでで半ズボンで運動したり遊んだりしている子どもたちを見ると、「寒くないのかな?」と心配になってしまいます。

韓国　千 恩志さん

日本の畳は、ちょっと苦手!!

韓国には、畳の代わりにオンドルという床暖房がある

　昔から畳に接している日本人は、畳のにおいが落ちつくといいます。けれども、畳になじみのない韓国人には、あの独特なにおいが苦手という人も多いと思います。

　日本に畳があるように、韓国にはオンドルという床暖房がどの家庭にもあります。もともとは、かまどをたいたときに出るあたたかな煙を利用していましたが、現在のオンドルは、床の下に配管をして、そこへお湯を流すことで床をあたためています。

オンドル用のパイプを設置しているところ。この上にセメントを流して床を完成させる。

畳の独特なにおいがダメなんです……。

街中にふとんがほされていてびっくり！

韓国では洗濯物は見えない！ベランダの外側にも窓がある

はじめて日本に旅行に来たときのこと。空港から電車で街に移動する途中、線路ぞいのマンションにふとんとたくさんの洗濯物がほされているのを見て、びっくりしました。韓国では、ベランダの外側にも窓があるのが一般的です。そのため、洗濯物をほしても外からは見えません。いままで、家族以外の他人の洗濯物を見たことがなかったので、あまりにも不思議な光景でした。

韓国のマンションのベランダ。窓があるので、なかは見えない。

日本人は、感情がよみにくい！

韓国人は、ストレートに感情を表現する

日本には、「本音と建前」ということばがありますよね。長く日本にくらしていますが、いまだにそれがよくわからないときがあります。

韓国人は言いたいことをはっきりと伝えるので、日本人から失礼だと思われてしまうことがあるようです。ただ、韓国人からすると日本人は、いやなことがあっても表情に出さない場合が多いし、ストレートに言いたいことを伝えてくれないため、コミュニケーションがむずかしいと思うことがあります。わたしも、あとで夫に聞いたりすることがあります。

| データ調べ | **韓国**をもっと知ろう！ |

- ❶ 正式名称　大韓民国
- ❷ 首都　ソウル
- ❸ 面積　約10万km² （日本は37万8,000km²）
- ❹ 地勢　朝鮮半島の南半分。東海岸に山脈が走り、西部と南部に平野が広がる。東は日本海、南は対馬海峡をへだてて日本と、西は黄海をへだてて中国と接する。
- ❺ 人口　5,098万2,000人〈2017年〉
  （日本は1億2,558万4,000人〈2017年〉）
- ❻ おもな言語　韓国語
- ❼ 民族　朝鮮民族
- ❽ 宗教　国民のおよそ半数は無宗教だが、社会や文化に儒教の影響がある。キリスト教徒は約30％、仏教徒は約23％いる。
- ❾ 通貨　ウォン
- ❿ 日本とソウルの時差　日本とは時差がない
- ⓫ 東京とソウルの距離　1,160km
- ⓬ ソウルの平均気温　〈1月〉−2.4℃　〈7月〉24.9℃
  （東京の平均気温は、〈1月〉5.2℃、〈7月〉26.4℃）
- ⓭ 平均寿命　男性79歳、女性86歳〈2015年〉
  （日本は男性81歳、女性87歳〈2015年〉）
- ⓮ 日本にくらす韓国人の数　45万3,096人〈2016年、在日韓国人＊含む〉
- ⓯ 韓国にくらす日本人の数　3万8,045人〈2016年〉
- ⓰ 世界遺産登録数　12件〈2017年〉

＊在日韓国人：日本にすんでいる外国人で、国籍が大韓民国（韓国）である人のこと。

1405年に建てられた王宮・昌徳宮は世界遺産に指定されている。

首都ソウルにある南大門市場には、数多くの店が立ちならぶ。

⓱ 日本との貿易

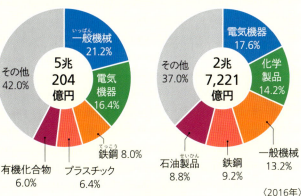

◆日本から韓国への輸出　5兆204億円
- 一般機械 21.2%
- 電気機器 16.4%
- 鉄鋼 8.0%
- プラスチック 6.4%
- 有機化合物 6.0%
- その他 42.0%

◆韓国から日本への輸出　2兆7,221億円
- 電気機器 17.6%
- 化学製品 14.2%
- 一般機械 13.2%
- 鉄鋼 9.2%
- 石油製品 8.8%
- その他 37.0%

〈2016年〉

> 韓国は日本と時差がないほど近い国！
> ぜひいちど、遊びに来てね。

※データの出典は48ページ。

長女
フランスさん

食品工場勤務
石水・キデス・マージーさん

三女
美佐紀さん

次女
眞奈美さん

フィリピン
から来た
石水・キデス・マージーさん
に聞きました

わたしが来日した理由
日本人の夫と結婚し、日本でくらしたいと思ったからです。

マージーさんと日本のつながり

- **38年前**
  フィリピンのアルバイ州オアス町で生まれる。2人きょうだいで、弟がいる。

- **25年前ごろ**
  アジアの国のひとつとして、日本の文化や観光地に関心をもつ。

- **20年前**
  フィリピンの大学を卒業してはたらく。

- **10年前** 来日！
  フィリピンで知りあった夫との結婚がきっかけで来日。

- **現在**
  週に5日、パートタイムではたらきながら子育てにはげむ。

Q. 日本に興味をもったきっかけは何ですか？

フィリピンにいたときから、日本は治安がよく、住みやすい国だということは知っていました。日本の文化や観光地にも興味がありましたが、「いつか遊びに行くことがあるといいな」くらいにしか思っていなかったんです。まさか自分が日本でくらすことになるとは考えていませんでした。

Q. どうして日本に来ることになったのですか？

2006年に、フィリピンで知りあった日本人の夫と結婚しました。それがきっかけで、日本に来ることになりました。

仕事や結婚などの理由で来日するフィリピン人は多く、わたしがいま住んでいる埼玉県鴻巣市にも、たくさんのフィリピン人がいます。フィリピン人の友だちのなかには、たまたま街で出あって話をするうちに、意気投合して仲よくなった人もいます。また、娘たちが生まれて、保育園や学校に行くようになり、地域でくらす人たちとのつながりもできました。

最初は、日本の生活になれるかどうかとても不安だったのですが、周囲の人がやさしくしてくれて、じょじょになじんでいくことができました。いまでは、3人の娘のお母さんとして、仕事をしながら子育てをがんばっています。

● マージーさんの母国・フィリピン

キリスト教徒であるマージーさんへ、来日するときに、弟の奥さんがくれたキリスト像。いまも大切に玄関にかざっている。

アルバイ州のあるルソン島は、フィリピンでもっとも大きい島である。

日本での仕事とくらし

週に5日、仕事をしながら3人の娘を育てているマージーさんに、仕事とくらしについて聞きました。

食品製造スタッフとして餃子をつくる

わたしは、週に3日、食品工場で餃子をつくるパートタイムの仕事をしています。大手の中華料理チェーン店に提供するためのもので、とても大きな工場です。工場は家からはなれているので、車で通勤しています。仕事や子どもの送りむかえがしやすいように、日本で自動車の運転免許をとりました。

仕事は、まだはじめたばかりなので、いまは一生懸命、覚えているところです。先輩のスタッフさんに仕事を教えてもらっていますが、日本語でスムーズにやりとりができないときもあるのでたいへんです。「言っていることはわかるけど、どんなことばで返せばよいのだろう」となやむこともあります。でも、時間をかけて説明したり、かんたんな英語を交えたり※、ゆっくり話したりしながらコミュニケーションをとっています。

マージーさんのある1日

6:00	起床	家族の朝ごはんをつくる。
7:45	通勤	車で仕事場に向かう。
17:30	退社	
18:00	おむかえ	子どもたちを学童保育室にむかえに行く。
18:30	帰宅	帰宅後、食事のしたくなど。
22:00	家事	残った家事をする。
24:00	就寝	

自動車部品工場の仕事もしている

わたしの夫は、オートバイの販売や買いとりに関連する仕事をしています。その紹介で、わたしは自動車部品の工場でもはたらいています。この仕事は、日本に来てまもないころにはじめたので、いまではもう9年。食品工場の仕事がない日を選んで、週に2日の勤務です。仕事にもずいぶんなれて、器用にこなすことができるようになりました。自動車の部品はひとつでも不具合があってはたいへんなので、気を引きしめて仕事をしています。

休日は家族で公園にお出かけ

仕事が休みの日は、夫や娘たちとすごすことがほ

運転免許を日本でとるのはたいへんだったが、いまは車を乗りこなしている。

※フィリピンの公用語はフィリピノ語と英語。学校の授業は英語で行われているため、多くの人は英語の読み書きができる。

大切にしている家族みんなの記念写真。

毎年リビングにかざっているクリスマスツリー。

家事のあいまには、娘たちとテレビを見たりして、のんびりすごすことも。

とんどです。家の近くにある大きな公園に、よく出かけます。娘たちも元気いっぱいに体を動かして楽しそうですし、わたしも日ごろのいそがしさをわすれ、リフレッシュすることができます。

　日本には公園がたくさんあるので、子育てがしやすい環境だと思います。わたしが日本に来てほんとうによかったと思うのが、安全で清潔な環境で子どもたちが遊べることです。公園ですごすのもそのひとつですね。

　日本人は、公園でお弁当やおやつを食べても、自分たちできちんとゴミをもち帰りますよね。そういった習慣があるおかげで、いつ公園に行っても気持ちよく遊ぶことができています。

クリスマスは盛大に祝い、家族とすごす

　フィリピンは、90％以上の人がキリスト教徒といわれているほど、キリスト教への信仰があつい国です。そのため、イエス・キリストの誕生を祝う行事であるクリスマスには、盛大にパーティをします。

　日本では、クリスマスというと恋人どうしですごす日というイメージが強いですが、フィリピンでは、この日は家族みんなですごす日です。わたしはクリスマスが近づくと、家のまわりにイルミネーションをつけたり、部屋にツリーをかざったりして、家族でお祝いする準備をします。

こんなことまで聞いてみました！

Q. 子どものころの夢は？

「雪を見ること」

フィリピンはあたたかくて雪がふらないので、絵本やテレビでしか見たことのない「雪」を見てみたいと思っていました。

Q. お母さんの思い出の味は？

「ビコール・エクスプレス」

豚肉とトウガラシをココナッツミルクで煮た料理です。フィリピン料理はからいものは少ないのですが、これはとてもからい料理です。

大切な人とのつながり

マージーさんの家族や、近くに住むフィリピン人の友だちについて聞いてみました！

仲よしの女の子3人きょうだい
週末の家族の時間はとても大切

　わたしには娘が3人います。高校2年生のフランス、小学校4年生の眞奈美、2年生の美佐紀です。女の子どうしなので、おしゃべりをしたりおやつを食べたりするなどして、いつも仲よくしています。フィリピン生まれのフランスが眞奈美や美佐紀に英語を教えたり、反対に眞奈美や美佐紀がフランスに漢字を教えたりと、おたがいに得意なことをいかして勉強しています。平日はどうしても仕事がいそがしいので、週末は子どもたちとの時間を大切にするようにしています。夫は週末に仕事が入ることもありますが、そうでないときは家族との時間にあててくれます。

きょうだい3人で本を読んだりして、協力して勉強している。

週にいちどは
フィリピンの家族と話す

　母はすでになくなっていますが、フィリピンには父と弟が住んでいるので、週にいちどはスマートフォンの無料アプリで話をします。生活のことや仕事のこと、遊びに行ったことなど、たわいもない話をしています。

おたがいの顔を見ながら話せるので、スマートフォンのビデオ通話をよく利用している。

友だちの家族とホームパーティ

　フィリピン人は、ホームパーティが大好きです。先日も、日本で知りあったフィリピン人の友だちにさそわれて、誕生日パーティに参加してきました。参加した人は、みんな子どもを連れてくるので、子どもどうしも友だちになれるんですよ。

友だちの子どもの誕生日パーティで。

娘3人、いつもにぎやかで仲のよい家族が自慢です！

園長先生に聞きました

子どもたちのことを考える やさしいお母さんです。

保育園の園長先生
久保田泰雄さん

フィリピン 石水・キデス・マージーさん

小さな「通訳」を通してやりとり

　マージーさんのお子さんたちは、眞奈美さんが4歳、美佐紀さんが2歳のときからうちの保育園に通ってくれていました。マージーさんのご主人が日本人なので、ご主人が中心になって保育園をさがしていらっしゃったようです。マージーさんは、日本語にまだなれていらっしゃらなかったのですが、眞奈美さんも美佐紀さんも日本語がとてもおじょうずだったので、小さな「通訳」としてお母さまをサポートしてあげていましたね。マージーさんも、なれないなかでも行事に参加するなど、一生懸命に子育てをされていました。

　眞奈美さんも美佐紀さんも、現在は保育園のとなりにある学童保育室に通っていますので、成長をずっと見まもることができてうれしく思います。

保護者会にも笑顔で参加

　保育園には現在、お父さんがカナダ人、モンゴル人、バングラデシュ人、ご両親がブラジル人のお子さんがいます。また、学童保育室には、マージーさんのおうちのほかに、お母さんが中国人の

お子さんもいます。連絡がきちんと伝わるのか心配されることもありますが、基本的にはご両親のどちらかが日本人の場合が多いので、とくに問題はありません。

　ご両親がともに外国人の場合でも、はじめの連絡は市役所の担当者を通して行っていますが、なれてきたら、直接ジェスチャーなどを交えたり、絵などを使ったりして伝えます。お子さんが年長になれば連絡の内容を理解できるようになりますので、プリントや連絡帳の内容を保育士がお子さんに説明し、それをお子さんから保護者の方に伝えてもらっています。

　マージーさんの場合は、こちらが話していることは伝わるので、保護者会に参加されたときに話しかけると笑顔を見せてくれます。また、バザーなどの行事でも活動そのものを楽しんでくださっているすがたが印象的です。

眞奈美さんと美佐紀さんが通う学童保育室。

マージーさんの ここにびっくり！ フィリピンと日本

便利なジプニーが日本にはない！

ジプニーの料金は一区間7ペソ（約20円）。行き先が車体に書かれている。

写真提供：Marvin Abrinica／flickr

写真提供：Jeff Jacinto／flickr

バスのようなタクシーのようなジプニーが電車の代わり

カラフルで明るい色が、ジプニーの特徴です！

　フィリピンには"ジプニー"とよばれる、バスのようなタクシーのような乗りものがあります。バスのように決まった路線・運賃で走りますが、定員は10～30人とバスよりは小型です。また、タクシーのように、乗客は停留所以外の希望の場所でも乗りおりすることができます。日本と同じようにタクシーもありますが、値段がジプニーにくらべて高いので、多くの人はジプニーを利用しています。わたしもよく利用していました。街なかを移動するくらいだったらジプニーに乗れば、まず不便はありません。

　日本は、ジプニーがない代わりに電車が便利ですよね。都会に行くと、自動車が必要ないくらいに電車でどこへでも行けて便利だと思います。

学校の通学はバイクタクシーで

フィリピンでは、バイクも交通手段としてよく使われています。通学に1時間以上かかる子どもたちは、小学生でもバイクタクシーを利用しています。

ランドセルを使わないとダメ!?

フィリピンではかばんは自由 重くないかと心配

　日本の小学校では、色は自由ですが、どの子もほぼ同じ型のランドセルをせおって学校に行きますね。わたしはこれにおどろきました。

　フィリピンではかばんは自由です。もちろん、形や色にも決まりがないので、それぞれが好きなかばんに教科書やノートを入れて行きます。娘たちは日本の小学校に通っているので、入学するときにランドセルを買いました。小さい子どもには、ランドセルは重くないかと心配でしたが、子どもたちは当然のようにせおっています。日本ではずっとそういう習慣なのでしょうね。

フィリピン　石水・キデス・マージーさん

フィリピンではふることがない雪！

日本の冬の寒さにびっくり！ 四季の美しさには感動

　フィリピンの年間平均気温は26℃から27℃で、日本にくらべるとあたたかいです。季節は、雨がたくさんふる雨季と、ほとんどふらない乾季の2つだけで、日本のように四季はありません。わたしは子どものころから雪を見てみたいと思っていましたが、じっさいに雪を経験すると、冷たくておどろきました。日本の寒さには、まだなれていませんね。

　ただ、日本の四季は美しいですね。季節ごとに空

気の感じが変わったり、木々が色づいていったりするのを見ると、なんて美しいのだろうと感じます。

日本人は忍耐強い！

がまんすることがしぜんにできている日本人

2011年に東日本大震災があり、最近では九州で地震や豪雨などの被害も相次ぎました。そういった報道を見るたびに、日本人のがまん強さにおどろかされます。日本以外の国で同じようなことが起こったら、あれほど冷静に落ちついて行動をすることはできるだろうか、と考えてしまうほどです。

災害時にかぎらず、こまったときほど手をさしのべるという日本人のやさしさも見習いたいところです。わたしも日本で生活をし、子育てをし、仕事をするなかで、日本人のそういった心づかいに何度も助けられてきています。

フィリピンでは刺身は食べないけど……。

日本の食材は新鮮 おそうざいもおいしい！

フィリピンは、島国なので魚をよく食べます。でも、気温があたたかく、すぐにいたんでしまうため、生の魚はほとんど食べません。野菜以外のほとんどの食材は火を通して、調理したものを食べます。日本に来てから刺身を食べて、新鮮さとおいしさにびっくりしました。

食事は毎日のことなので、刺身にかぎらず、日本の食材の新鮮さ、豊富さには助けられています。スーパーマーケットに行けば、おそうざいも充実していますし、味がついている状態で売っている魚や肉も多いので、はたらくお母さんとしてはありがたいです。

フィリピンの市場ではたくさんの魚が売られているが、ほとんどは火を通して食べる。

写真提供：Shubert Ciencia／flickr

| データ調べ | フィリピンをもっと知ろう！

❶ 正式名称	フィリピン共和国
❷ 首都	マニラ
❸ 面積	29万9,404km²（日本は37万8,000km²）
❹ 地勢	ルソン島やミンダナオ島など、多数の島々からなる。
❺ 人口	1億491万8,000人〈2017年〉（日本は1億2,558万4,000人〈2017年〉）
❻ おもな言語	フィリピノ語（公用語）・英語（公用語）
❼ 民族	おもにマレー系。そのほか、中国系やスペイン系、その両方を祖先にもつ人たち、少数民族など。
❽ 宗教	90％以上の国民がキリスト教（カトリックが約80％）。そのほか、イスラム教、仏教など。
❾ 通貨	ペソ
❿ 日本とマニラの時差	日本より1時間おそい
⓫ 東京とマニラの距離	2,997km
⓬ マニラの平均気温	〈1月〉26.1℃　〈7月〉27.9℃（東京の平均気温は、〈1月〉5.2℃、〈7月〉26.4℃）
⓭ 平均寿命	男性65歳、女性72歳〈2015年〉（日本は男性81歳、女性87歳〈2015年〉）
⓮ 日本にくらすフィリピン人の数	24万3,662人〈2016年〉
⓯ フィリピンにくらす日本人の数	1万6,977人〈2016年〉
⓰ 世界遺産登録数	6件〈2017年〉

首都マニラにあるサン・アグスチン教会は世界遺産のひとつ。
写真提供：Shutterstock.com

世界遺産のトゥバタハ岩礁自然公園には、サンゴの海が広がる。
写真提供：q phia／flickr

⓱ 日本との貿易

◆ 日本からフィリピンへの輸出
1兆1,230億円
- 電気機器 24.0%
- その他 40.8%
- 一般機械 17.1%
- バスとトラック 10.3%
- 鉄鋼 4.4%
- プラスチック 3.4%

◆ フィリピンから日本への輸出
9,829億円
- 電気機器 34.4%
- その他 27.8%
- 金属鉱と金属くず 10.6%
- 一般機械 9.8%
- 木製品とコルク製品 9.2%
- バナナ 8.2%

〈2016年〉

一年中あたたかいフィリピンにぜひ遊びに来てね！

※データの出典は48ページ。

わたしが来日した理由

雪や桜など、日本の自然を見たかったからです！

トゥアンさんと日本のつながり

- **24年前**
ベトナムのクアンビン省ボーチャック県生まれ。6人きょうだいの次女。

- **5年前**
大学の薬学部を中退。1年間、日本留学のための準備をする。

- **4年前** 来日！
日本語学校に2年間通う。はじめの半年はホームシックにかかる。

- **2年前**
観光学を学ぶ専門学校に入学。日本人の友だちができる。

- **現在**
人材紹介会社に入社して、むずかしい仕事もまかされるようになる。

Q. 日本に興味をもったきっかけは何ですか？

高校生のときに、世界の文化や歴史を学ぶ授業があり、日本の文化について知る機会がありました。そのときに、自然を愛する日本人の心と、桜と雪のはかなさに興味をもちました。

それ以来、日本文化が大好きになり、もっと深く日本のことを知りたいと思うようになりました。

Q. どうして日本に来ることになったのですか？

大学の薬学部に入学しましたが、勉強がむずかしくて、1年で中退しました。薬学部には、親の希望もあって進学しましたが、もともとわたしが学びたかったのは観光学でした。旅行ガイドをしたかったのです。ちょうどそのころ、日本に留学したことのある人に話を聞く機会があり、観光学も学べ、日本文化も学べる日本の専門学校に留学しようと決めました。

来日前は、日本は高層ビルやタワーマンションがそびえ立ち、電車が走り、物価もそれほど高くない国だと思っていたので、ぜいたくなくらしができるのだろうと想像していました。しかし、じっさいに住んだ場所は、専門学校に入る前に通っていた日本語学校の学生寮があった東京の足立区。昔ながらの家やお店が建ちならび、学生寮も古いアパートだったので、想像していた生活とのギャップに苦しみました。

●トゥアンさんの母国・ベトナム

日本の専門学校時代。右はしがトゥアンさん。

フォンニャケバン国立公園には、ベトナム固有の動物などがたくさんいる。

日本での仕事とくらし

日本の会社ではたらきはじめたトゥアンさんに、現在のくらしのことを聞きました。

ベトナム人を日本の企業に紹介する会社に就職

わたしは、いま、ベトナム人をアルバイトでやといたいという日本企業のために、日本に住むベトナム人留学生を紹介する仕事をしています。アルバイトを希望するベトナム人を募集して、面接や説明会を開いたりするのです。わたしはおもに、求人情報をベトナム語に翻訳したり、説明会で通訳をしたりして、仕事に応募してきたベトナム人と日本の企業との橋わたし役をしています。

シャイなベトナム人にはやさしいしかり方で

ベトナム人をはじめてやとう日本企業には、ベトナム人の国民性についても説明しています。ベトナムでは、数分のおくれは気にしない人が多いので、

ベトナム人の同僚と話をしながら仕事を進めるトゥアンさん。会社ではベトナム語と日本語の両方を使う。

日本人からみるとベトナム人は時間にルーズであるという印象を受けるようです。また、空気を読むとか、言わなくても伝わるといった細かい気づかいは苦手です。そうした内容を事前に伝えることで、採用後のトラブルが起こらないようにしています。

とくに注意して伝えていることは、ベトナム人がミスをしたときのしかり方です。ベトナム人ははずかしがり屋なので、1対1で強くしかったりすると、とてもきずつきます。次の日から仕事に来なくなっ

トゥアンさんのある1日

- 7:00 起床
- 9:30 出社 ▶ 通勤電車の中では、好きな音楽を聞いている。
- 12:00 昼食 ▶ 最近は仕事がいそがしいので、コンビニのごはんですますことが多い。
- 21:00 退社
- 22:00 帰宅 ▶ 帰ってから夕ごはん。ベトナムにいる家族や友だちとビデオ通話を楽しむ。
- 1:00 就寝

ベトナム人は、はずかしがり屋。最初のミスはそんなに強くしからないでくださいね！

てしまうかもしれません。そのため、最初のミスは、みんながいるところでやさしくしかってほしいとお願いしているのです。

　これは、わたしが日本の専門学校にいたころ、飲食店でアルバイトをしていたときに感じたことでもありますが、アルバイトに応募してくるベトナム人は、高校を卒業したばかりの社会人経験のない学生がほとんどです。日本に来てはじめて親もとをはなれ、見知らぬ国ではたらくわけですから、仕事に必要なマナーを知らないのは当然のことです。加えてことばのかべもあるので、彼らは日本の生活になれることにせいいっぱいなのです。そんなときに強くしかられてしまうと、とても落ちこんでしまいます。ですから、1～2回のミスは大目にみてほしいと企業の方にはお願いしています。

休日はボウリングやカラオケを友だちと楽しむ

　休日は、友だちとショッピングに行ったり、お茶を飲んだりしてすごしています。千葉県に住んでいて、よくショッピングモールに買いものに行きます。大きなショッピングモールは、ベトナムにはあまりありませんでしたね。

　ボウリングやカラオケも大好きで、専門学校時代の日本人の友人や、昔のアルバイト仲間とよく遊びに行きます。最近のカラオケ店では、YouTubeの映像をカラオケの画面にうつして歌える機能があって、ベトナムの歌も日本の歌もどちらも楽しんで歌っています。

仕事が休みの日だったので、専門学校時代の友だちとボウリングに（左はしがトゥアンさん）。

ベトナムでよく飲まれているはすの花のお茶。トゥアンさんは、仕事のあいまなどに飲んでリラックスしている。

こんなことまで聞いてみました！

Q. 母国の風習を教えてください。

「ニワトリの足でうらない」

お正月（テト）に、ゆでたニワトリをご先祖さまにおそなえします。年が明けて10日後にニワトリの足をうらない師にみてもらい、今年の運勢をうらなってもらいます。

Q. 子どものころの夢は何ですか？

「モデル」

背が低いからプロにはなれないという気持ちはありましたが、それでもやりたくて、現在は趣味でモデルをしています。休日、知りあいのカメラマンに写真をとってもらっています。

大切な人とのつながり

トゥアンさんにベトナムの家族のこと、日本に住んでいるきょうだいのことを聞いてみました！

終戦直後のまずしい時代を生きぬいてきた両親

わたしの両親は、ベトナム戦争*中に生まれました。両親が子どものころは、ベトナム北部と中部は、ほぼ戦争が終わっていました。なので、直接戦争を体験しているわけではありませんが、残された地雷のせいでなくなったり、食べものもイモしかなくて栄養失調でなくなる方がいたりと、たいへんな時代に生まれました。そのため、わたしがごはんを残すと「昔は飢えてなくなった方がたくさんいたのだから、食べものは粗末にしてはいけないよ」とおこられました。

ベトナムにくらすお父さん（右）とお母さん（左）。

6人きょうだいの大家族 けんかばかりしていた

わたしは、長女、次女、長男、三女、四女、五女の6人きょうだいの次女として生まれました。わたしが生まれた時代は、4人きょうだいくらいが一般的。生活も苦しく、きょうだいげんかがたえませんでした。けれども日本に来てからは、そのころがなつかしくて、思い出すとなみだが出てきてしまいます。

妹が技能実習生として来日

日本の技能実習制度を利用して、妹が青森県ではたらきはじめました。技能実習制度とは、日本企業が外国人の実習生を受け入れ、はたらいてもらう代わりに、進んだ技能を指導するという制度です。妹はとり肉の加工場で仕事をがんばっています。

左はしがトゥアンさんの妹。ルームシェアしている仲間と。

きょうだいとすごした子どものころがなつかしいな！

*ベトナム戦争：南北にわかれていたベトナムで、ベトナムの独立と統一をめぐって、北ベトナムと南ベトナムによって争われた戦争。

上司に聞きました

株式会社asegonia
ディレクター
山本博子さん

在日ベトナム人は日本の大切な労働力です。

ふえつづける在日ベトナム人

わたしたちの会社は、ベトナム人専門の求人情報WEBページを運営しています。そこでアルバイトや正社員の求人情報をベトナム人に向けてお知らせしています。会社が設立されてから2017年で6年目に入りますが、ベトナム人をやといたいという企業がふえてきました。来日するベトナム人も年々増加しており、2007年に約3万6000人だった在日ベトナム人は、2016年には約20万人になりました。

トゥアンさんの人なつっこい性格に助けられているという山本さん。

人手不足のなか活躍が期待される

お客さまのなかでもっとも多い業種は、ファストフードや居酒屋など、飲食店のアルバイトです。これまで、こうしたアルバイトは日本の学生がになってきましたが、近年は体力を使う仕事ということで敬遠されがち。しかも、日本の若い世代の人口がへっているということもあり、これまでにない人手不足なのです。そこで、日本の企業はベトナム人を新しい人材にして解決しようとしています。

ベトナム人のコミュニティ力

トゥアンさんは、当社ではたらいていたベトナム人スタッフの紹介で採用しました。トゥアンさんは、元スタッフのルームメイトだったのです。ベトナム人はベトナム人どうしのコミュニティが強く、はたらいているベトナム人が自分の友だちを紹介するケースがよくあります。採用する企業も、信用のできる紹介者の友だちであれば、安心できるため、ベトナム人のネットワークをたよりにしているところもあります。

トゥアンさんもそうですが、ベトナム人は愛想がよくてまじめな性格。日本の企業との相性は抜群です。今後もベトナム人をやといたいというお客さまの要望がふえると予想され、トゥアンさんには、会社を引っぱっていく人材として、より一層成長してほしいと願っています。

ベトナム ファン・ティ・トゥアンさん

山本さんとトゥアンさん、ベトナム人の同僚の3人で打ち合わせ。これから会社を大きくしていくためにトゥアンさんたちはなくてはならない存在。

トゥアンさんの ここにびっくり！ベトナムと日本

盆栽が日本にもあることにびっくり！

ベトナムの盆栽。盆栽は中国で生まれ、ベトナム、日本でそれぞれに発展してきた。
写真提供：宮田珠己

自然を愛する国民性はベトナム人も日本人も同じ

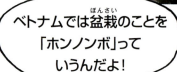

ベトナムでは盆栽のことを「ホンノンボ」っていうんだよ！

　ベトナムでは、盆栽を楽しむ人が多く、わたしの父も、わたしが中学生のころから趣味にしていました。近所の森に入っては好きな形をした小さな木をとって、植木鉢に入れて大切に育てていたのです。

　それが日本で「盆栽」とよばれるものだと知ったのは、大学生のころ。ハノイの本屋さんで、はじめてお父さんが大事にしている小さな木が、日本の「盆栽」というものなのだと知り、おどろきました。

　現在、ベトナムではさまざまな形の盆栽があります。ベトナムの盆栽は、人や建物などのミニチュアが乗っていることが特徴です。

　盆栽を愛するのは、日本人もベトナム人も自然を深く愛しているからだと思います。ベトナム人は森林浴も好きですし、都心でも木を育てようという運動がさかんです。また、学校でも草花や木々を育てる授業があります。日本人と同じように、季節ごとに自然がうつりかわることをベトナム人も美しいと感じています。これは、日本とベトナムが同じ仏教徒の国であることと関係があるかもしれないと、わたしは思っています。

● 日本人は親しいお客さんにも敬語を使う！

同じおもてなしの国でも もてなしの考え方がちがう

　専門学校時代に焼肉店やラーメン店でアルバイトをしていたのですが、お客さまへの接し方が日本とベトナムとではだいぶちがうと感じました。

　ベトナムの場合、あまり敬語は使わず、お客さまといちど仲よくなったら、友だちのように接します。けれども日本の場合は、何度も来てくれるお客さまにも、敬語を使ってマニュアルどおりに応対しなければなりません。マニュアルにたよらず、自分たちがはたらきやすい方法でサービスをすればいいのに、と思いました。両国ともおもてなしの国といわれていますが、ベトナムと日本ではおもてなしの考え方がちがいますね。

ベトナム　ファン・ティ・トゥアンさん

● 日本はカッパではなくかさをさす人が多い！

バイク通勤や自転車通学だから ベトナムではかさをさせない

　ベトナムの雨は、ザーッとふったあとは、カラッと晴れることが多いのが特徴です。

　雨がふったとしても、ベトナムの移動手段は基本的にバイクか自転車です。小・中学生の子どもたちも自転車通学か、親が学校までバイクで送りむかえをします。歩くことが少ないため、かさをささずにバイクや自転車専用のカッパを着て移動します。

雨の日は色とりどりの雨ガッパが見られるよ。

小雨のふるハノイ市。バイクに乗る人たちは雨ガッパを着ている。
写真提供：Khoi Nguyen／flickr

大みそかにお墓まいりをしないの!?

テトはご先祖さまとお祝いをする大切な祝日

テトでは民族衣装のアオザイを着てお祝いする。

　ベトナムのお正月は「テト」といい、旧正月*にお祝いをします。学校や会社が休みになると、部屋のかたづけやかざりつけで大いそがし。キンカンの木を部屋にかざり、子孫繁栄をいのります。大みそかは、ご先祖さまのたましいをむかえいれるため、家族でお墓まいりをします。ご先祖さまにおそなえものをして「お家に帰ってきてください」と家の前でむかえ火（先祖の霊をむかえるためにたく火）をたくのです。

　テトは、ご先祖さまと家族が共に祝い、ご先祖さまに感謝の気持ちを伝える大切な祝日。ベトナムのテトは、まるで日本のお盆とお正月がいっしょに来たような日になります。

＊旧正月：日本で使われている暦でいうと1月下旬から2月中旬にかけて。日付は毎年変わる。

デートで男性がおごらないのにびっくり！

ベトナム人の男性は、女性をお姫さまのようにあつかう

　デートのとき、ベトナム人の男性は、女性を家まで送りむかえするのは当然のこと、荷物ももってくれますし、デート代もすべて男性がはらいます。そのため、日本のアルバイト先の飲食店で、割り勘をしているカップルを見たときは、とてもびっくりしました。

　ベトナムでは、まだ女性がはたらける場所が少ないため、お金を多くもっている男性のほうがはらうのが、ふつうのことなのです。日本では女性の多くが仕事をしていることを知ったいまでは、割り勘でもおどろきません。

データ調べ ベトナムをもっと知ろう！

① 正式名称	ベトナム社会主義共和国
② 首都	ハノイ
③ 面積	33万1,000km² （日本は37万8,000km²）
④ 地勢	細長いS字の形で、北部は中国に、西部はラオスとカンボジアに接している。
⑤ 人口	9,554万1,000人〈2017年〉（日本は1億2,558万4,000人〈2017年〉）
⑥ おもな言語	ベトナム語（公用語）
⑦ 民族	ほとんどがベトナム人。タイー人、ターイ人など、53の少数民族がいる。
⑧ 宗教	仏教が7.9％で、もっとも多い。無宗教が81.8％だが、日常的にお寺に行く人は多い。
⑨ 通貨	ドン
⑩ 日本とハノイの時差	日本より2時間おそい
⑪ 東京とハノイの距離	3,675km
⑫ ハノイの平均気温	〈1月〉16.0℃ 〈7月〉29.0℃（東京の平均気温は、〈1月〉5.2℃、〈7月〉26.4℃）
⑬ 平均寿命	男性71歳、女性81歳〈2015年〉（日本は男性81歳、女性87歳〈2015年〉）
⑭ 日本にくらすベトナム人の数	19万9,990人〈2016年〉
⑮ ベトナムにくらす日本人の数	1万6,145人〈2016年〉
⑯ 世界遺産登録数	8件〈2017年〉

ベトナムのおもな交通手段はバイクと自転車。

島々がそそり立つ世界遺産のハロン湾。

⑰ 日本との貿易

◆ 日本からベトナムへの輸出　1兆4,106億円
- 電気機器 25.7%
- その他 36.2%
- プラスチック 4.4%
- 鉄鋼 8.6%
- 糸・衣類などの繊維製品 6.5%
- 一般機械 18.6%

◆ ベトナムから日本への輸出　1兆7,661億円
- 電気機器 21.6%
- その他 41.3%
- 衣類など 19.5%
- 一般機械 6.8%
- くつやサンダルなどのはき物 5.5%
- 魚介類など 5.3%

〈2016年〉

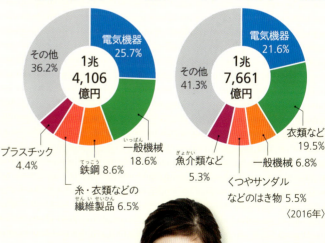

日本とベトナムの関係は、これからますます深まっていくよ！

※データの出典は48ページ。

さくいん
（五十音順）

あ行

- アプリ　20、30
- アルバイ州　27
- アルバイト　7、11、17、38、39、41、43、44
- 安東市（アンドン）　17
- 市場　14
- ウインタースポーツ　9
- ウォン　25
- 大阪（おおさか）　17
- お食い初め（く ぞ）　20
- お正月　11、39、44
- お盆（ぼん）　44
- おもてなし　43
- オンドル　23

か行

- 学童保育室（がくどう ほ いくしつ）　28、31
- 仮面劇（か めんげき）　17
- 観光学　37
- 観光客　8、9
- 韓国語（かんこく）　18、21、25
- 韓国人（かんこく）　8、20、21、23、24
- 韓国料理（かんこく）　9、18、19
- 漢族　15
- 技能実習制度（ぎ のう せい ど）　40
- キムチ　9、22
- 休日　28、39
- 旧正月（きゅう）　44
- キリスト（基督）教　15、29、35
- クリスマス　29
- 敬語（けい ご）　43
- 公用語　28、35

さ行

- 国際結婚（こくさいけっこん）　16
- 国際社会（こくさい）　17
- 国民性（こくみんせい）　38
- コミュニティ　41
- コンビニ　17

- 在日韓国人（ざいにちかんこく）　25
- 在日ベトナム人（ざいにち）　41
- 在留外国人（ざいりゅう）　3
- サン・アグスチン教会　35
- 紫禁城（し きんじょう）　7、15
- 自転車　43、45
- ジプニー　32
- 上海人（シャンハイ）　10
- 儒教（じゅきょう）　25
- 少数民族　7、15、35、45
- 食文化　21
- 食料品　14
- 授業（じゅぎょう）　14
- 祝日　44
- 春節（しゅんせつ）　15
- 人民元（じんみんげん）　15
- スプーン　22
- 制服（せいふく）　14
- ソウル　17、25

た行

- 大韓民国（だいかんみんこく）　25
- 畳（たたみ）　23
- 誕生日（たんじょう び）　20、30
- ダンミョン　19
- チャーハン　9

チャプチェ	18、19	フィリピン共和国	35
昌徳宮（チャンドックン）	17、25	フィリピン人	27、30
中華人民共和国（ちゅうかじんみんきょうわこく）	15	フィリピン料理	29
中学校	14	フィリピノ語	28、35
中国語	7、13、15	風習	20、39
中国人	8、10、11、12、13、14、31	風水（ふうすい）	8
朝鮮族（ちょうせん）	7、11、15	フォンニャケバン国立公園	37
通訳（つうやく）	8、31	普通話（ふつうわ）	10、15
テト	39、44	仏教（ぶっきょう）	15、35、45
同級生	10	ブログ	19
トゥバタハ岩礁自然公園（がんしょう）	35	北京（ペキン）	7、15
ドン	45	ペソ	35

な行

ナスの冷製（れいせい）スープ	19	ベトナム社会主義共和国（しゃかいしゅぎきょうわこく）	45
なべ	22	ベトナム人	38、39、41、42、44、45
南大門市場（ナムデムン）	25	ベトナム戦争	40
ナムル	18、19	保育園（ほいくえん）	18、27、31
日本語	7、8、13、17、18、19、21、28、31	訪日外国人（ほうにち）	3
日本語学校	7、9、10、17、37	ホーチミン廟（びょう）	37
日本料理	18	ホームパーティ	30
日本文化	9、37	盆栽（ぼんさい）	42
		ホンノンボ	42

は行

バイク	32、43、45		

ま行

バイクタクシー	32	マニラ	27、35
ハト	13	マヨン山	27
ハノイ	37、45	名字	16

や行

バロック様式教会群（ぐん）	27	夢（ゆめ）	29、39
ハロン湾（わん）	45		

ら行

ビコール・エクスプレス	29	留学（りゅうがく）	7、10、21、37

わ行

一人っ子	10	和食	18、21
100円ショップ	17		

監修

佐藤 郡衛（さとう・ぐんえい）

明治大学国際日本学部特任教授。1952年福島県生まれ、東京大学大学院博士課程修了。博士（教育学）。東京学芸大学国際教育センター教授、東京学芸大学理事・副学長、目白大学学長、外務省海外交流審議会委員等を歴任。文部科学省文化審議会 国語分科会 日本語教育小委員会委員。著書『異文化間教育』、『国際理解教育』（ともに明石書店）など多数。

取材協力

株式会社イチイ
株式会社asegonia
社会福祉法人どんぐり会

写真協力

Pixabay
写真AC
photolibrary
shutterstock
PIXTA

スタッフ

編集・執筆	前田登和子
	三島章子
	黒澤真紀
撮影	大森裕之
	坂田律子
	竹内洋平
イラスト	いのうえしんぢ
	上垣厚子
校正	桑原順子
	板谷茉莉
	佐野悦子
デザイン・DTP	ごぼうデザイン事務所
編集・制作	株式会社 桂樹社グループ

※P15、25、35、45のデータの出典
①〜③、⑤〜⑨、⑫、⑰『データブック オブ・ザ・ワールド2018年版』二宮書店　③外務省ウェブサイト「国・地域」　⑩、⑪『理科年表 平成30年版』（丸善出版）　⑪国土地理院ウェブサイト「距離と方位角の計算」⑫気象庁ウェブサイト「世界の天候データツール」　⑬『世界の統計2017』総務省　⑭「在留外国人統計（2017年6月末）」法務省　⑮「海外在留邦人数調査統計（平成29年要約版）」外務省　⑯"World Heritage List" UNESCO
※本書で紹介している見解は個人のものであり、また、風習には地域差や各家庭による差があることを、ご了承ください。

聞いてみました！
日本にくらす外国人 1
中国・韓国・フィリピン・ベトナム

発行　2018年4月　第1刷

発行者	長谷川 均
編集	松原 智徳
発行所	株式会社 ポプラ社
	〒160-8565 東京都新宿区大京町22-1
	振替　00140-3-149271
	電話　03-3357-2212（営業）
	03-3357-2635（編集）
	ホームページ　www.poplar.co.jp
印刷・製本	共同印刷株式会社

ISBN978-4-591-15752-7　N.D.C.375　47p　29cm　Printed in Japan

● 本書のコピー、スキャン、デジタル化等の無断複製は著作権法上での例外を除き禁じられています。本書を代行業者等の第三者に依頼してスキャンやデジタル化することは、たとえ個人や家庭内での利用であっても著作権法上認められておりません。
● 落丁本・乱丁本は送料小社負担にてお取り替えいたします。小社製作部宛にご連絡下さい。
　電話0120-666-553　受付時間は月〜金曜日、9:00〜17:00（祝日・休日は除く）。
● 読者の皆様からのお便りをお待ちしております。いただいたお便りは編集部から制作者にお渡しいたします。

聞いてみました！日本にくらす外国人

N.D.C.375　　　　　　　　監修：佐藤 郡衛

全5巻

1. 中国・韓国・フィリピン・ベトナム
2. インド・ネパール・トルコ・サウジアラビア
3. アメリカ・カナダ・ブラジル・コロンビア
4. イギリス・イタリア・ロシア・エストニア
5. オーストラリア・ニュージーランド・ナイジェリア・マリ

小学校高学年～中学生向け　オールカラー
A4変型判　各47ページ
図書館用特別堅牢製本図書

★ポプラ社はチャイルドラインを応援しています★

こまったとき、なやんでいるとき、
18さいまでの子どもがかけるでんわ

チャイルドライン®
0120-99-7777
ごご4時～ごご9時　＊日曜日はお休みです　電話代はかかりません　携帯・PHS OK